气候智慧型农业
技术画册

王久臣　莫广刚　王全辉　刘荣志　编著

中国农业出版社
北　京

气候智慧型农业系列丛书

编辑委员会

主任委员： 王久臣　李　波　吴晓春

执行主任： 陈　阜　李　想　王全辉　张卫建　李景平

　　　　　　　管大海　李　虎　何雄奎　孙　昊

委　　员（按姓氏笔画排序）：

习　斌　马　晶　马新明　王久臣　王全辉　尹小刚

邢可霞　吕修涛　刘荣志　许吟隆　孙　昊　李　虎

李　波　李　阔　李　想　李成玉　李向东　李景平

吴晓春　何雄奎　宋振伟　张　俊　张　瑞　张卫建

张春雨　张艳萍　陈　阜　郑成岩　莫广刚　董召荣

管大海　熊红利　熊淑萍

气候智慧型农业系列丛书

本书编写委员会

主　　编：王久臣　　莫广刚　　王全辉　　刘荣志

副 主 编：马　晶　魏　政　李莛奎　文北若

编写人员（按姓氏笔画排序）：

马　晶　　王　利　　王久臣　　王全辉　　文北若

刘　钊　　刘荣志　　刘新超　　杜　勇　　李　奎

李俊霖　　沈　玮　　侯文胜　　莫广刚　　焦明会

魏　政

序

　　每一种农业发展方式均有其特定的时代意义，不同的发展方式诠释了其所处农业发展阶段面临的主要挑战与机遇。在气候变化的大背景下，如何协调减少温室气体排放和保障粮食安全之间的关系，以实现减缓气候变化、提升农业生产力、提高农民收入三大目标，达到"三赢"，是21世纪全世界共同面临的重大理论与技术难题。在联合国粮食及农业组织的积极倡导下，气候智慧型农业正成为全球应对气候变化的农业发展新模式。

为保障国家粮食安全，积极应对气候变化，推动农业绿色低碳发展，在全球环境基金（GEF）支持下，农业农村部（原农业部，2018年4月3日挂牌，更名为农业农村部）与世界银行于2014—2020年共同实施了中国第一个气候智慧型农业项目——气候智慧型主要粮食作物生产项目。

　　项目实施5年来，成功地将国际先进的气候智慧农业理念转化为中国农业应对气候变化的成功实践，探索建立了多种资源高效、经济合理、固碳减排的粮食生产技术模式，实现了粮食增产、农民增收和有效应对气候变化的"三赢"，蹚出了一条中国农业绿色发展的新路子，为全球农业可持续发展贡献了中国经验和智慧。

"气候智慧型主要粮食作物生产项目"通过邀请国际知名专家参与设计、研讨交流、现场指导以及组织国外现场考察交流等多种方式，完善项目设计，很好地体现了"全球视野"和"中国国情"相结合的项目设计理念；通过管理人员、专家团队、企业家和农户的共同参与，使项目实现了"农民和妇女参与式"的良好环境评价和社会评估效果。基于项目实施的成功实践和取得的宝贵经验，我们编写了"气候智慧型农业系列丛书"（共12册），以期进一步总结和完善气候智慧型农业的理论体系、计量方法、技术模式及发展战略，讲好气候智慧型农业的中国故事，推动气候智慧型农业理念及良好实践在中国乃至世界得到更广泛的传播和应用。

　　作为中国气候智慧型农业实践的缩影，"气候智慧型农业系列丛书"有较强的理论性、实践性和战略性，包括理论研究、战略建议、方法指南、案例分析、技术手册、宣传画册等多种灵活的表现形式，读者群体较为广泛，既可以作为农业农村部门管理人员的决策参考，又可以用于农技推广人员指导广大农民开展一线实践，还可以作为农业高等院校的教学参考用书。

气候智慧型农业在中国刚刚起步，相关理论和技术模式有待进一步体系化、系统化，相关研究领域有待进一步拓展，尤其是气候智慧型农业的综合管理技术、基于生态景观的区域管理模式还有待于进一步探索。受编者时间、精力和研究水平所限，书中仍存在许多不足之处。我们希望以本系列丛书抛砖引玉，期待更多的批评和建议，共同推动中国气候智慧型农业发展，为保障中国粮食安全，实现中国2060年碳中和气候行动目标，为农业生产方式的战略转型做出更大贡献。

编者

2020年9月

contents

目录

大家好！我是小智博士，是农业和气候方面的双博士。下面，就由我来向大家讲述气候智慧型农业的故事。

气候智慧型农业是在全球气候变化背景下，既能保持农业生产能力，又能实现农业固碳与减排，并且使农业更好地适应气候变化的一种"更新""更聪明"的农业发展模式。我国是农业大国，生产了全球30%的水稻，18%的小麦和21%的玉米。农业活动作为温室气体的主要排放源之一，甲烷（CH_4）、氧化亚氮（N_2O）、二氧化碳（CO_2）等温室气体排放占我国温室气体排放总量的7.9%。而且我国农业活动基数大，增长快，如果没有相应的控制措施，农田温室气体排放量将迅速增长。在确保粮食安全的前提下，有效减少我国农业温室气体排放，对于缓解全球气候变暖、实现我国2030年碳达峰及2060年碳中和目标具有重要意义。在这样的背景下，专家们通过智慧探索、示范实践逐渐形成气候智慧型农业系列技术，并在推广应用中不断地进行创新优化，可以说与广大农民生计福祉息息相关。

我们所说的气候智慧型农业技术主要围绕小麦、玉米、水稻等主要粮食作物生产展开，可概括为四大类，即固碳技术、减排技术、适应技术和装备技术。别看名字听起来有点陌生，它们可都是实用、易用的好技术哦！

一、气候智慧型农业的来龙去脉

小智博士：下面，我来说说我们为什么要发展气候智慧型农业，这种农业发展模式的目标是什么？它的"智慧"又体现在哪里？

气候智慧型农业

能够实现农业生产力与农民收入持续提高及全球气候变化减缓协调统一的气候智慧型农业

三大核心目标

① 减少农业生产过程温室气体排放

② 提高农业生产对气候变化的适应能力

③ 确保粮食安全和农业持续高效发展

（一）气候智慧型农业理念的由来

气候智慧型农业（CLIMATE SMART AGRICULTURE，简称CSA），是由联合国粮农组织在2010年提出的农业发展新理念，旨在追求农业生产力与农民收入持续提高及全球气候变化减缓的协调统一，既可以通过农业固碳减排来缓解气候变化，又能够适应气候变化引起的不利影响，从而不至于影响粮食安全及农民的经济收入。细心的人们可以发现，实现这么多互相冲突的目标，面临着方方面面的巨大挑战，需要人类智慧性地探索，要依赖于科学技术进步、生产方式转变、政策与制度创新和投资环境改善，这样才能开展更"聪明"的农业生产。

（二）气候智慧型农业的核心目标

目标之一——减少农业生产过程温室气体排放。人们通常将空气中含有的二氧化碳（CO_2）、甲烷（CH_4）和氧化亚氮（N_2O）等气体统称作温室气体，它们浓度的持续上升是导致全球气候变化的"罪魁祸首"，通过减少温室气体排放来减缓气候变化已经成为人类期盼的共同目标。农业领域温室气体排放总量占全球温室气体排放总量的14%～29%，减排任务很艰巨，但是潜力很大，因此，固碳减排成为气候智慧型农业的第一个目标。

农业生产过程中温室气体的排放源

15

气候变化与极端气象灾害对农业生产的影响

　　目标之二——提高农业生产对气候变化的适应能力。气候、土壤、生物是生态环境有机构成部分，三者相互协调、相互影响。变化的气候打破了三者间原有的生态平衡，土壤、生物要素也随之变化，而极端气候灾害频发导致生物灾害加剧，直接影响到农业生产的布局、模式与技术应用。通过采取防灾减灾举措提高农业生产的气候变化及气象灾害应对能力，成为气候智慧型农业的第二个目标。

目标之三——确保粮食安全和农业持续高效发展。目前全球人口仍以每年7 000多万的速度增加，全球极度贫困人口尚有9亿之多，粮食等农产品需求持续增长，农业增产增收任务愈发艰巨。粗放型的农业生产模式给全球气候变化带来了不良影响，通过创新和绿色发展，构建集约高产、资源高效和低碳排放的农业生产模式成为气候智慧型农业的第三个，也是根本性目标。

保障粮食安全，增加农民收入

（三）气候智慧型农业的"智慧"之处

通过选用高产、抗逆性强、资源高效利用的作物新品种，优化种植结构，完善农业基础设施等气候适应性技术，提高农业生产系统的应变能力、适应能力及整体效率，增强作物生产应对气候变化的韧性，确保作物稳产增产。

智慧之一——应对气候灾害，保产增产

18

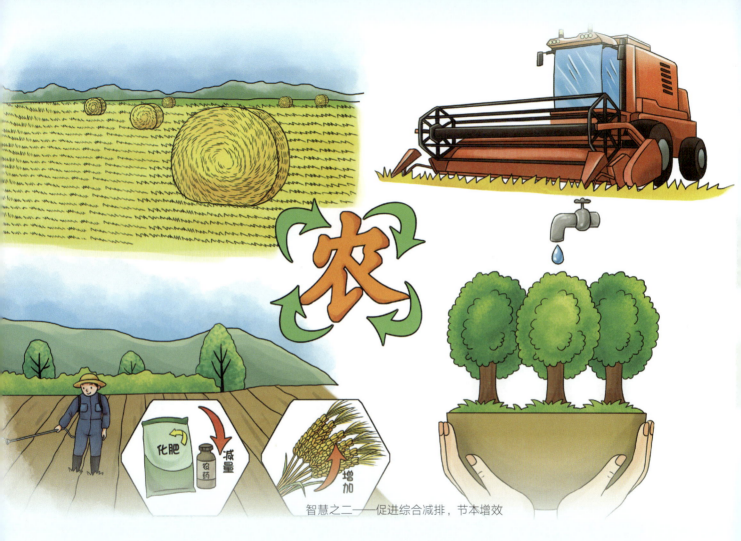

智慧之二——促进综合减排，节本增效

　　通过生产系统优化与技术改进，大力实施秸秆还田等保护性利用技术，提高化肥、农药、灌溉水等投入品的利用效率和农机作业效率，减少作物系统碳排放；减少土壤有机质的分解，增加土壤当中的碳储量，从而实现节水、节肥、节药、节地、节能，促进农业生产综合减排与节本增效。

通过推广化肥农药投入品减量技术、节水节肥节药等绿色生产技术、种养结合生态循环技术，推进农业标准化生产，改善农产品产地生态环境，从而增加优质安全农产品供给，提高农产品销量和价格，促进农民增收。

智慧之三——提高农产品质量，促进增收

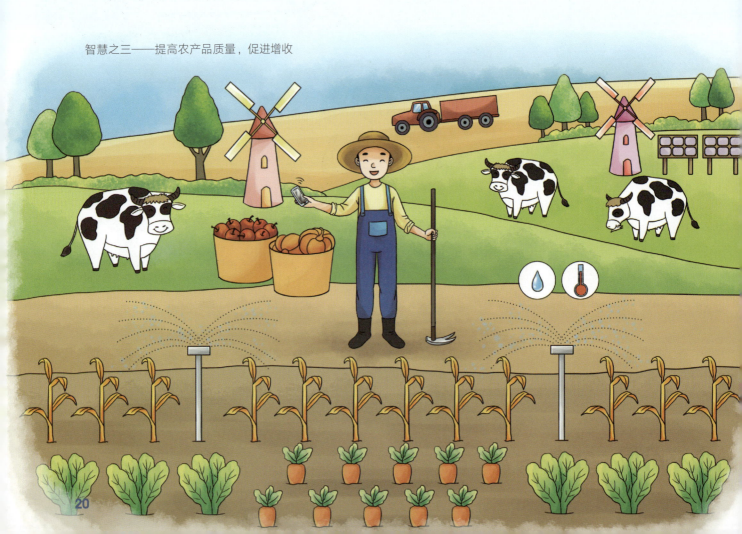

二、固碳系列"智慧"技术

小智博士：固碳就是通过各种技术将大气中的碳转移到土壤和作物中。那么，主要的固碳技术有哪些呢？

（一）秸秆还田增加土壤碳汇

秸秆是农作物通过光合作用固定空气中二氧化碳的重要部位，把玉米、小麦、水稻等作物秸秆，通过翻埋、碎混或地表覆盖等方式直接施入土壤，或堆积腐熟后施入土壤，实现作物碳的农田归还，能够使秸秆中的有机碳转化为土壤有机质，显著提升土壤有机碳储量，使空气中的二氧化碳通过作物的光合作用而储存到土壤中，这是秸秆资源化利用和农田土壤固碳最有效且最经济的方法之一。

秸秆还田方式可以分为秸秆机械化直接还田和秸秆间接还田两大类。秸秆机械化直接还田主要有秸秆粉碎还田、整秆还田和秸秆根茬还田三种。秸秆间接还田主要有堆沤形成堆肥再还田、施用促进秸秆腐解的微生物促腐剂的促腐还田、转化为动物饲料生产有机肥的过腹还田、发展沼气生产形成沼渣沼液还田，以及发展水产业进行养殖还田和集中堆埋的生物反应堆还田等多种形式。

秸秆机械化直接还田

秸秆还田机

23

（二）免（少）耕保护土壤地力

土壤有机质（有机碳）包裹在土壤的大小团块中，避免了直接暴露在空气中而被快速分解、形成二氧化碳并释放到大气中。耕作使得土团破碎，土壤有机碳的物理保护层破坏，有机碳暴露在微生物之下被分解为二氧化碳，从而使土壤中的有机碳储量不断减少。免（少）耕技术是指尽可能减少农田土壤耕作的次数和强度（只要能保证种子发芽即可），并用作物秸秆、残茬覆盖农田表面，用化学药物或者物理措施来控制杂草和病虫害，从而减少土壤风蚀、水蚀，增强土壤固碳和保水能力，提高土壤生产力和抗旱能力的一项农业耕作技术。

秸秆覆盖免（少）耕技术

绿肥种植及有机肥施用的增碳技术

（三）有机肥替代化肥改土增碳

施用化肥虽然能够通过提高作物产量而增加作物残茬还田量，进而提高土壤有机碳含量，但是长期大量施用会使土壤结构遭到破坏，降低土壤固碳能力。化肥施用过量或者方法及养分比例不合理，会加快土壤中有机碳的分解，降低土壤中有机碳的含量，增加土壤的碳排放。增施有机肥和沼肥、种植绿肥不仅可以维持和改善土壤结构，促进土壤大小团块形成，保护土壤有机碳不被快速分解，而且还可以直接增加对土壤的有机物料的输入，直接提高土壤有机碳的含量，促进农田固碳。

（四）生物炭固碳

　　农业、林业和工业废弃物，以及水生生物、人类及动物排泄物等有机废弃物，通过高温碳化，可制成像木炭的生物炭。首先，增施一定量生物炭，可显著增加土壤有机碳含量，尤其生物炭与化肥联施可显著改善土壤肥力和养分状况，提高作物的水肥利用效率，还可以间接减少温室气体排放。其次，生物炭自身含碳较高，且平均滞留时间上千年，因此通过植物光合作用将大气中的二氧化碳转化成有机物，再通过炭化技术转化为生物炭并施入土壤，可以起到对二氧化碳的长期封存作用，固碳潜力巨大。

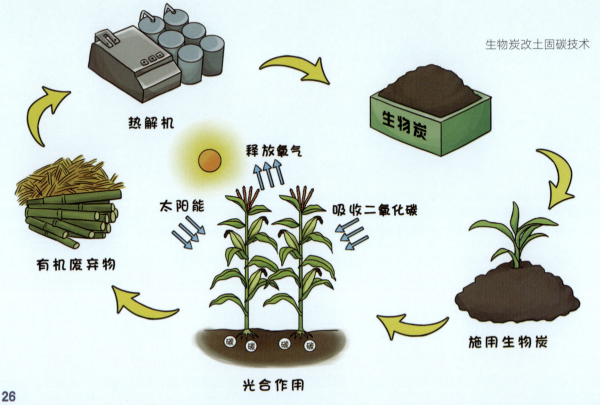

生物炭改土固碳技术

热解机

生物炭

释放氧气

太阳能

吸收二氧化碳

有机废弃物

碳　碳　碳　碳

施用生物炭

光合作用

农林复合系统固碳

（五）农林复合系统固碳

农林复合系统是将土地利用和工程应用技术相结合，有目的地将多年生木本植物（乔木、灌木，等及草本植物，包括竹类）与农业（农作物、药用植物、经济作物或真菌）或牧业作物置于同一土地经营单位，使农业、林业和牧业进行相互促进，达到社会、经济和生态效益综合提升的一种土地管理模式。农林复合系统类型可以分为农林、林牧、农林牧复合系统和其他复合系统等四大类。由于在农业生产系统中增加了多年生植物，它们一般要生长十年甚至更长时间，因而可以通过光合作用将空气中的二氧化碳较长时间地固定在植株体内，从而实现固碳效果。

三、减排系列"智慧"技术

小智博士：我国农业生产规模大，增速快，在保证粮食安全的同时，也增加了农业温室气体的排放。其实，完全可以在不影响生产的前提下，通过技术手段减少农业活动中的温室气体排放。下面，跟我一起来看看农田减排技术有哪些吧。

（一）水田甲烷减排

1. 种植高产品种：科学家发现现代高产水稻品种不仅产量高，而且甲烷排放也低。因此，根据我国水稻主产区的气候特征，选择生物量大、收获指数高、生育期适宜和抗逆性强的水稻品种，不仅可以增加光合作用对空气中二氧化碳的固定效应，而且可以通过植株向地下输送更多氧气，从而减少甲烷的排放。

种植高产品种减少甲烷排放

29

2. **秸秆还田旱耕增氧减排**：稻田秸秆还田可以提高土壤有机质含量，从而将水稻植株固定的二氧化碳储存在土壤里，提高土壤有机碳储量。同时进行稻田旱耕湿整，结合冬季翻耕晒垡、一翻一旋、宽窄行种植等耕种方式，增加稻田土壤中的氧气含量，促进甲烷氧化，进而降低由秸秆还田导致甲烷排放量的增加。

3. **施用新肥料**：不同的肥料对土壤中甲烷的产生和氧化的微生物作用不一样，施用硫铵和硝铵等氮肥，可以有效抑制稻田土壤中甲烷产生的微生物（甲烷菌）的活性，促进甲烷的氧化，减少稻田甲烷的排放。

施用新肥料抑制稻田甲烷产生的微生物活性

4. 控水增氧减排：

在传统水稻种植条件下，稻田淹水导致甲烷排放高。可以采用湿润灌溉、间歇灌溉和浸润灌溉等技术，尤其是水稻生长前期需要进行水分控制，改变分蘖期持续淹水的传统不良习惯，增加稻田土壤中氧气含量。这不仅可以提高水稻根系的活力，促进抗倒丰产，而且可以促进土壤甲烷氧化菌的生长，促进甲烷氧化，进而减少甲烷排放。

5. 土壤调酸减排：

稻田，尤其是南方稻田的土壤偏酸性，

构建稻田种养复合生态系统

利于甲烷产生菌的生长，甲烷排放高。可以施用氧化钙、石膏、生物炭、有机物料等物料，调节土壤的酸碱度，降低土壤酸性，促进甲烷氧化菌生长，进而促进甲烷氧化，降低甲烷排放。

6. **复合种养**：利用稻田养鱼或养鸭等方式构建稻田种养复合系统，通过鱼和鸭等消灭杂草和水稻枯叶，减少产甲烷菌的食物，进而间接减少甲烷的产生。同时，鱼和鸭的田间活动增加了稻田水与土中的含氧量，加快甲烷氧化，降低甲烷排放量。

（二）旱地氧化亚氮减排

1. 种植氮高效品种：不同作物品种对氮肥的利用效率不一样，种植氮肥利用效率高的品种不仅可以减少氮肥施用量，实现间接减少碳排放，而且，氮肥利用高效的品种对土壤氮吸收快且多，可以减少土壤有效氮含量，进而减少氧化亚氮的排放。

氮高效小麦品种　　　　　　　　　　　常规小麦品种

氮高效品种减少土壤氧化亚氮排放

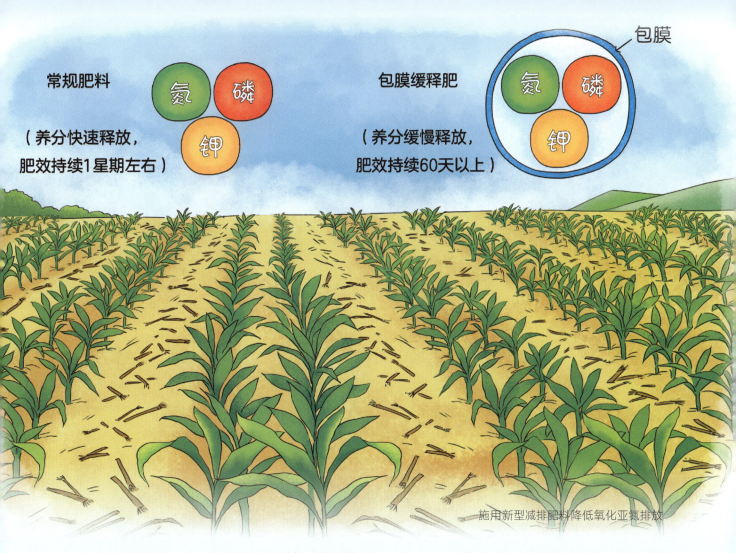

常规肥料

（养分快速释放，
肥效持续1星期左右）

氮 磷 钾

包膜

包膜缓释肥

（养分缓慢释放，
肥效持续60天以上）

氮 磷 钾

施用新型减排肥料降低氧化亚氮排放

　　2. 施用新肥料：不同的氮肥不仅利用效果不同，而且在土壤中被微生物利用的情况也不一样。施用控释肥、包膜缓释肥等新型减排肥料，可以改变有效养分的释放速率，以更利于作物吸收和利用，提高肥料利用效率，从而降低土壤氮含量，减少氧化亚氮排放。

3. **使用抑制剂：** 氮肥在土壤中如果没有得到有效利用，就会被微生物转化为氧化亚氮而排放到大气中。如果在肥料中添加硝化抑制剂、脲酶抑制剂等化学物质，就可以有效控制土壤中一些特殊微生物的生长和活性，进而控制氮肥转化为氧化亚氮，减少排放。

（三）减肥减药减排

1. **氮肥减量：** 好的种植方式不仅可以增产，而且可以减少施肥量，进而减少碳排放。比如通过采用扩行缩株、宽幅精播等新型种植方式，增加作物群体密度，以缓解减施化肥对作物生产的不利影响，实现作物丰产。减施肥料可以减少肥料生产过程中的碳排放，从而达到减排的目的。

新型种植方式减肥间接减排

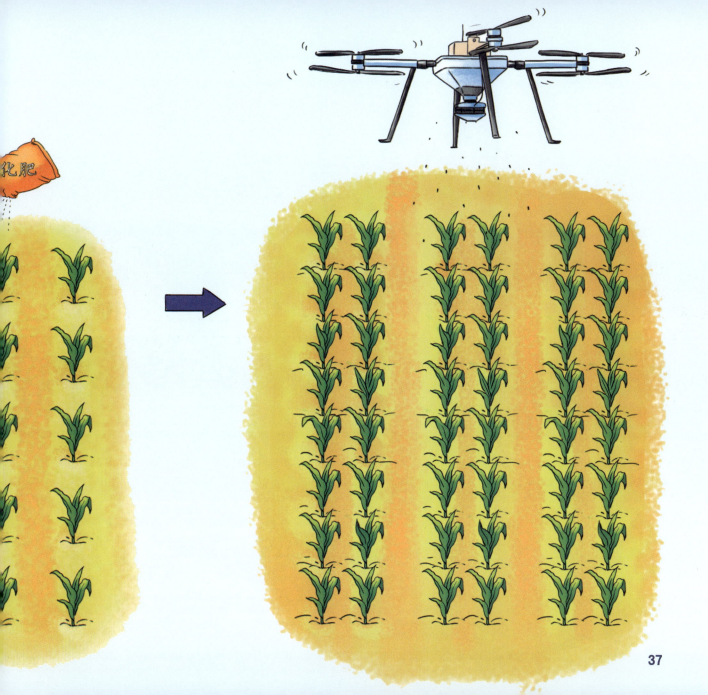

高效减量施药间接减排

2. **氮肥深施**：在作物耕种过程中，比如耕翻、播种（移栽）和作物生长中期等施肥作业过程中，将化肥施于土壤表层以下一定的深度（6～10cm），可以减少氮肥的浪费，提高肥料利用效率，间接减少氧化亚氮排放。

3. **养分均衡管理**：按照作物生长的养分需求规律和土壤养分供应规律，根据各区域作物产量高低，确定合适的氮磷钾比例，形成施肥配方，按方施肥，提高氮肥利用效率，间接降低氧化亚氮的排放。

4. **有机肥替代**：化肥，尤其是氮肥的滥施是导致碳排放高的主要原因之一。生产中可以采用有机肥替代部分化肥的配合施用技术，比如施用20%～30%占比的有机肥，从而减少化肥施用量，这不仅可以提高土壤有机质含量、促进土壤固碳，而且可以提高作物产量和氮肥利用效率、间接减少氧化亚氮排放。

5. **高效减量施药**：采用精准化和自动化施药装备，进行高效、均匀地减量施药；采用生态控制、生物防治和物理防治相结合的环境友好型绿色防控技术，减少农药用量和施药次数，满足高功效、高防效、污染少的作业要求，提高农药有效利用效率，实现节能减排目的。利用如地面宽幅喷杆喷雾机均匀施药与植保无人机超低容量施药等技术，均可实现间接减排。

（四）机具节能减排

1. 水稻直播种肥药一体化节能减排技术：采用机具直播或者精量穴播实现播种施肥喷药一次完成的一体化技术，可有效减少秧田育种的环节，降低育种、运种、插种、施肥与施药过程中的人财物投入，同时直播田在水稻生长前期可以适当减少灌溉水用量，降低稻田温室气体排放量。

2. 统防统治节能减排技术：转变传统分散防治方式，改由农业服务组织提供作业服务并规范田间作业行为，开展规模化统防统治，实行农药统购、统供、统配和统施，可有效提高施药技术水平与防控效果、效率和效益，减少农药用量、最大限度减少病虫危害所带来的损失。这样可以通过释放劳动力、减缓劳动强度实现节能减排。

3. 农机高效作业节能减排技术：采用新型农机具进行耕、种、肥、药等高效作业，实现从"人背机器"传统作业升级为"机器背人"与"人机分离"高效作业；采用新型播种机进行免（少）耕播种、施肥同步作业，既可有效减少田间农机作业次数，又可提高化肥和农药利用效率，减少温室气体排放。

四、适应系列"智慧"技术

小智博士：农业是受气候变化影响最直接、最大的领域，有什么办法可以增强农业对气候变化的抵御能力，从而让农业更好地适应气候变化呢？让我来告诉你吧！

（一）品种适应

　　生产上可以根据不同区域气候条件和病虫害发生特点，进行品种优化布局，分区域科学选用抗逆性优良作物品种，适应气候变化。

根据不同区域气候条件优化品种布局

（二）轮作适应

　　根据生产需求，进行用地养地结合的轮作换茬。比如通过小麦、玉米、水稻等禾本科作物与大豆、花生等豆科作物或绿肥合理轮作换茬，疏松土壤，增强耕层保水保肥能力，提高土壤适耕性，减轻连续耕作导致的病虫害危害。

作物与绿肥复合种植

（三）土壤耕作适应

1. 耕层扩容抗逆耕作适应技术：如果耕作方式不合理，比如长期浅旋耕，会导致土壤耕层变浅、结构变差，影响作物系统对气候变化的抗逆性。因而开展合理的深松、深旋耕等作业方式，改善耕层土壤结构，调节土壤中的固、液、气的三相比例，培育疏松深厚的耕作层，提高耕层的保水保肥能力，有利于作物根系生长，提升作物系统应对气候变化的能力。

2. 有机肥增施改土抗逆适应技术：传统耕种中土壤有机质分解导致的土壤缓冲能力下降，可以通过增施有机肥，改善土壤结构，增加土壤透气性，提高土壤保水、缓冲能力，增强作物系统的抵御逆境灾害的能力。

3. 秸秆还田轮耕抗旱适应技术：秸秆还田不合理会导致作物对气候变化应对能力减弱。推行作物免耕、翻耕和旋耕的年际间组合，将作物秸秆还田于不同的土层中，促进土壤疏松及蓄水保墒，提高土壤有机质含量和相关酶活性，增强作物系统抵御干旱的能力。

4. 秸秆覆盖免耕保墒适应技术：在一些雨养旱作区，气温高、土壤水分蒸发量大，作物易受旱害。采用保护性耕作技术，将农作物秸秆覆盖还田保墒，进行免（少）耕播种减少土壤搅动，减轻土壤风蚀水蚀，增强农田保墒抗旱能力，实现作物稳产高产与生态环境保护的双赢。

秸秆覆盖免耕保墒适应技术

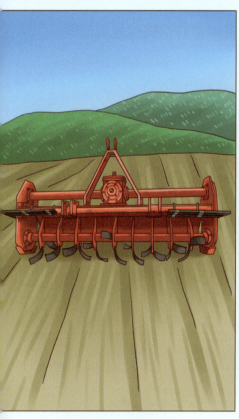  

秋季深旋埋茬　　　　　春季免耕平播　　　　　夏季深松培土

春玉米平播垄管抗旱适应技术

　　5. 春玉米平播垄管抗旱适应技术：在东北春玉米种植区，耕种期土壤干旱和夜间低温，不利于全苗、壮苗，可以采用"秋季深旋埋茬、春季免耕平播、夏季深松培土"的平播垄管技术，提高苗期耕层土壤储水量和10cm耕层夜间土温，从而改善播种条件和苗情。

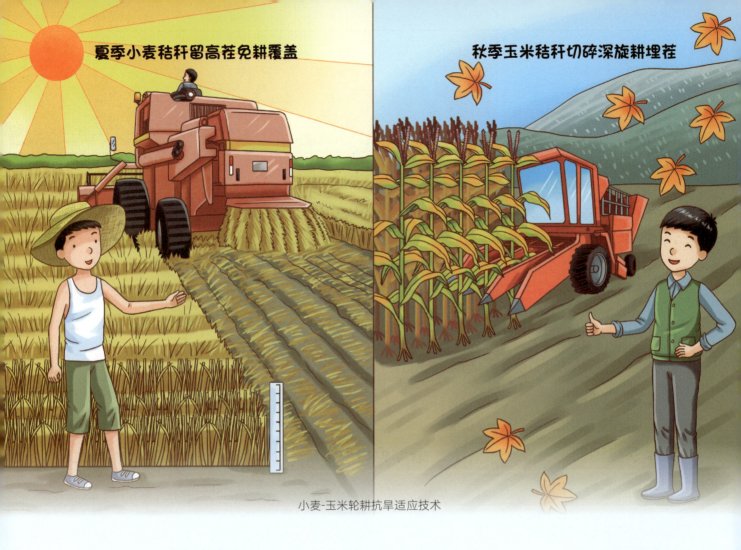

夏季小麦秸秆留高茬免耕覆盖

秋季玉米秸秆切碎深旋耕埋茬

小麦-玉米轮耕抗旱适应技术

6. 小麦-玉米轮耕抗旱适应技术：在华北夏玉米和冬小麦区域，耕种期和苗期易发生干旱，可以采用夏季小麦秸秆留高茬免耕覆盖和秋季玉米秸秆切碎深旋耕埋茬结合的耕作技术，使耕地表层厚度加深到 15～20cm，提高土壤疏松度、土壤含水量和有机碳含量，降低小麦和玉米苗期干旱的发生风险。

（四）栽培适应

1. **小麦-水稻沟畦配套降渍适应技术**：在长江三角洲等稻麦两熟区，水稻成熟期较其他区域延迟，稻麦茬口衔接期和排水时间缩短，导致小麦耕种期土壤黏重、适耕性差。采用秋季少耕灭茬小麦条播和夏季深旋埋茬水稻旱直播、稻麦沟畦配套的耕作栽培技术，可以提高土壤有机碳含量和麦季土壤孔隙度，提升稻田的适耕性，缓解小麦渍害。

2. **一种两收再生稻避灾适应技术**：在双季稻区，存在气候变化下早稻收获期高温、干旱和晚稻茬口衔接紧张、稻田适耕性差的问题。可以采用一种两收再生稻技术，在头季水稻收割后，利用稻桩可重新发苗的再生特性，经过肥水管理生长为新一季的水稻，这样能够避免再进行翻耕、播种和育种等作物茬口衔接工作，简化作业程序，有效避开不利气象条件，提升稻作系统对气候变化的适应能力。

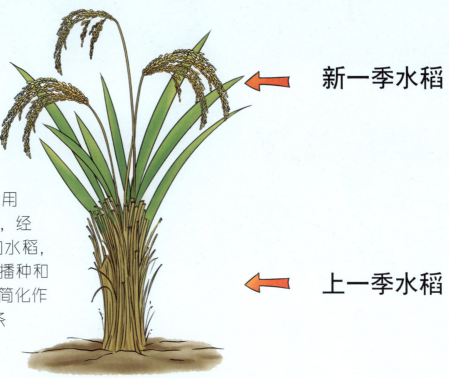

新一季水稻

上一季水稻

一种两收再生稻避灾适应技术

3. 作物地膜覆盖防冷抗旱适应技术：在一些温度低的地区，采用可降解地膜覆盖种植作物的方式，提升土壤温度，可以避免作物苗期遭遇低温冻害，减少土壤水分蒸发，提升抗旱能力。

可降解地膜

4. **播前种子处理抗逆适应技术**：在作物种子播前，用种衣剂包覆于种子表面或用药剂兑水稀释后拌种，可以防治病菌和缓解地下害虫的危害，给种子萌发和幼苗生长提供必要营养，增强种苗的抗逆性。

5. **作物群体优化减灾适应技术**：气候变化下，多阴雨寡照，作物光合作用减少，病虫害加重，可以通过适当扩大作物行距或株距，增强作物通风透光率，保证植株下部光照充足，提升作物适应阴雨寡照的能力，减少病虫害的发生，提高作物群体质量。

6. **水稻干湿交替促根抗倒适应技术**：根据水稻生长的需水规律，按照各生育期的土壤含水量确定稻田灌溉时期和灌溉用水量，开展适期灌排的轻干湿交替灌溉，起到促苗快发、根系深扎、抗倒伏的效果。

7. 测墒补灌微喷节水抗旱适应技术: 在旱地作物（如旱作区小麦和玉米）生产时，尤其是缺水条件下，可以根据作物生长发育的需水特性，在关键生育期测定土壤水分含量，通过微喷灌方法补灌作物生长所需水量，实现节水抗旱的目的。

测墒补灌微喷节水抗旱适应技术

8. 作物适时机械化收获避灾适应技术：极端天气易导致的作物早衰落粒、遇雨穗发芽，可以结合作物品种类型、茬口衔接等因素，用联合收割机适时完成作物收获、脱粒、清粮，使其免受极端天气的危害。

（五）调节剂适应

1. **作物叶面补肥耐热防衰适应技术**：气候变化背景下，我国南方早稻和华北冬小麦生育后期及玉米和中稻生育中期，容易发生作物高温热害导致早衰，通过叶面补施氮肥、钾肥、中微量元素肥等，降低作物冠层温度，维持作物的绿叶面积，提高叶片的光合能力和光合效率，从而达到防衰、增粒、增重的目的。

2. **作物化学调控抗逆适应技术**：暴风、干旱、低温等极端灾害频发地区，可以喷施植物生长调节剂来调控植物的生长，抑制作物徒长、降低作物株高、增加茎秆直径，从而提升作物的抗倒伏能力，以及增强作物对干旱、低温等逆境的适应性和抗逆性。

作物叶面补肥耐热防衰适应技术

五、装备系列"智慧"技术

小智博士：现代智能装备不仅可以提高农业生产效率，还可以通过精细化作业实现节能减排。气候智慧型农业的系列装备让人目不暇接，快来跟我一起看看吧！

宽幅自平衡喷架

水肥药一体机

四轮驱动和转向的
自走式宽幅作业平台

水肥药一体化技术装备

（一）水肥药一体化

　　水肥药一体化技术通过移动自走式宽幅作业平台，根据作物病虫害特征及对水肥营养需求，可进行水肥药单独管理，也可进行水肥、药肥、水肥药等多模式管理，突破作物传统种植过程中的盲目施肥施药、过量施肥施药和大水漫灌的粗放型管理模式，有利于节能减排、存活繁育非靶标生物、土壤结构优化和生态环境保护。

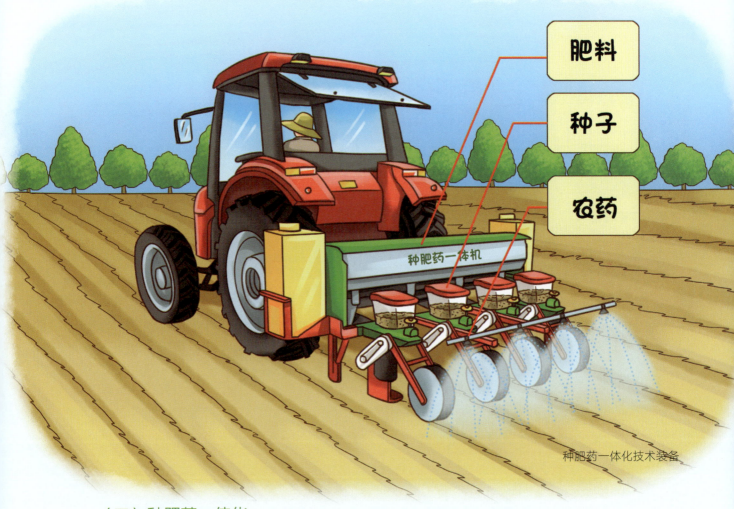

肥料

种子

农药

种肥药一体化技术装备

（二）种肥药一体化

种肥药一体化技术以免耕播种机为基础，一次性完成播种、施肥、施药等复式作业，减少机具进地次数和农机排放，提高机械作业效率，避免土壤压实，有效保证作物产量稳定，进而实现节能减排。

（三）无人机田间作业

　　无人机是一种高效、安全的人机分离、人药分离的作业模式，通过无人机作业平台，构建不同功能架构，划分为播种、撒肥、施药和田间信息管理等环节，可有效避免农机进地碾压致土地下陷问题，且减少农机温室气体排放。

无人机田间作业装备

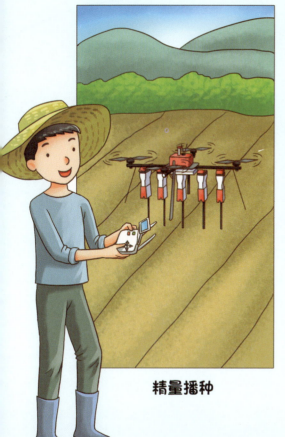

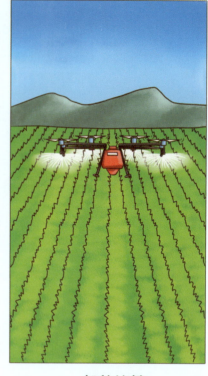

精量播种　　　　　　　**精准撒肥**　　　　　　　**智能施药**

1. **无人机精量播种技术**：根据无人机前进的速度和高度实时调整撒播装置，从而控制撒播均匀性和撒播幅宽的稳定性，力保出苗率均匀一致。

2. **无人机精准撒肥技术**：以农药包衣种子与颗粒肥为主，根据飞行高度和速度，设计和控制下料口和撒料盘等装置，从而控制种子与肥料撒播密度。

3. **无人机智能施药技术**：根据不同药剂和病虫害特点制定防治策略，通过信电技术控制无人机飞行姿态，结合北斗卫星定位系统，采用超低量施药技术，将农药以细雾滴的形态在无人机旋翼流场的作用下喷施，确保均匀精准喷洒。具有作业效率高、省工省药、突发应急快的特点。

（四）智能精准控制技术

1. **农业机械自主导航技术**：智能系统通过自动探测与信息传输，自制农场高精度地图与作业处方图，对无人驾驶农机运移及作业路径加以规划管理、智能调配，作业完成后回到机库。该技术包括了各类作业规划和避障、防止倾翻等紧急情况处理，以及无人农机作业信息显示、传输与存储。

雷达传感器

北斗双天线

摄像头

显示器

控制器

方向盘

角度传感器

农业机械自主导航技术

2. 农田作物信息感知技术：融合传感器、低空无人机、农业机器人、人工智能、物联网、大数据、云计算等高新技术，依托多种传感节点和无线通信网络，通过空地一体化对作物长势进行信息监测，获取养分丰缺、病虫害等信息，结合北斗导航，指引无人机等装备精准作业，实现农业生产环境的智能感知、智能分析、智能决策、智能预警。

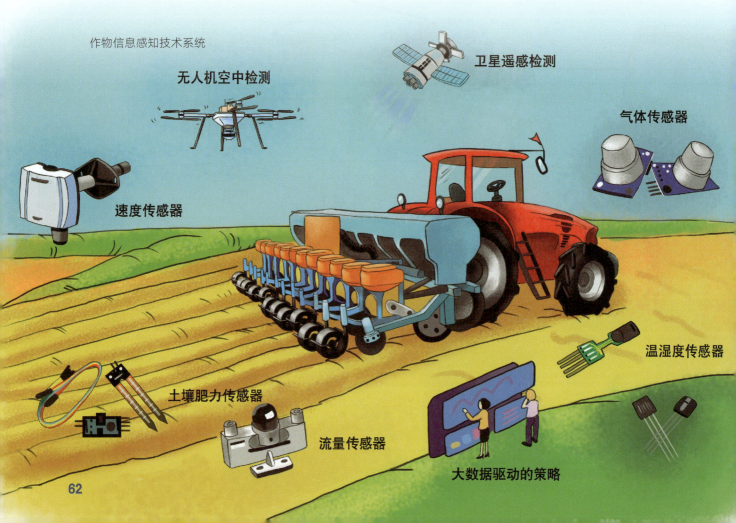

作物信息感知技术系统

无人机空中检测

卫星遥感检测

气体传感器

速度传感器

温湿度传感器

土壤肥力传感器

流量传感器

大数据驱动的策略

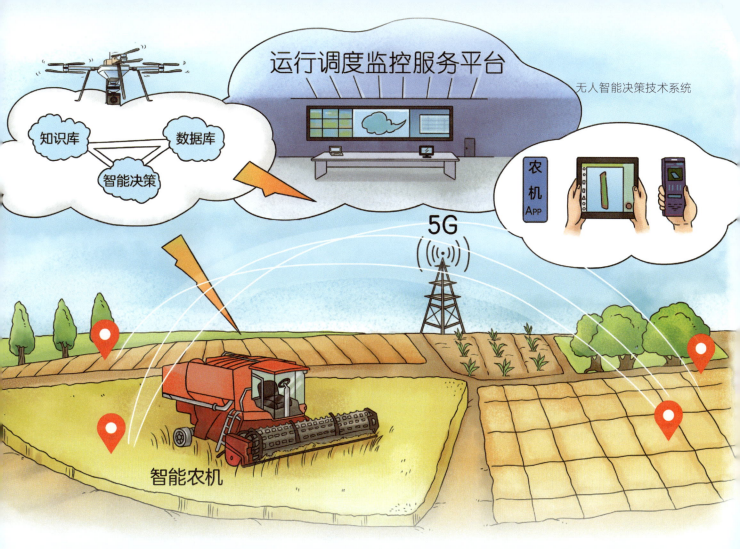

知识库　数据库　智能决策

运行调度监控服务平台

无人智能决策技术系统

农机 App

5G

智能农机

　　3. **农业机械无人智能决策技术**：耕种管无人机均配置机内感知系统，对作业参数及状态进行实时监控、传输与决策，集成发动机油门、动力换挡、电液提升、刹车、精准作业的自动控制，实现科学作业和路径规划决策，并完成多机协同作业，达成全无人智能高效精准作业目标。

图书在版编目（CIP）数据

气候智慧型农业技术画册/王久臣等编著．—北京：
中国农业出版社，2020.12
　　（气候智慧型农业系列丛书）
　　ISBN 978-7-109-27598-0

　　Ⅰ.①气…　Ⅱ.①王…　Ⅲ.①气候变化-影响-农业
技术-中国-画册　Ⅳ.①F323.3-64

中国版本图书馆CIP数据核字（2020）第236049号

中国农业出版社出版
地址：北京市朝阳区麦子店街18号楼
邮编：100125
丛书策划：王庆宁　　责任编辑：王庆宁　黄　曦
版式设计：王　晨　　责任校对：吴丽婷
印刷：中农印务有限公司
版次：2020年12月第1版
印次：2020年12月北京第1次印刷
发行：新华书店北京发行所
开本：889mm×1194mm　1/24
印张：$2\frac{2}{3}$
字数：39千字
定价：49.80元